RELATION

DE LA

GUÉRISON MIRACULEUSE

DE Mme C. LA PLAGNE BARRIS

A N.-D. DE LOURDES

A L'ÉPOQUE DU PÈLERINAGE NATIONAL AU MOIS D'AOUT 1883

ÉCRITE PAR SON DOMESTIQUE

AUCH
IMPRIMERIE COCHARAUX FRÈRES
IMPRIMEURS DE L'ARCHEVÊCHÉ

1884

LE MIRACLE ET MES IMPRESSIONS

Madame La Plagne partit de Montesquiou le mardi 21 août, vers six heures du matin ; elle fut placée dans sa calèche, étendue sur un matelas ; elle arriva vers neuf heures à Rabastens. Nous ne nous arrêtâmes là que pour changer de chevaux ; on fit prendre un peu de lait chaud à la malade, et nous partîmes. A six kilomètres environ, nous nous arrêtâmes à l'ombre d'un arbre qui bordait la route ; nous fîmes chauffer du café à l'esprit de vin. M. le docteur Magnié et Mesdemoiselles Marie et Pauline, qui accompagnaient leur mère dans cette longue course, prirent tous du café en compagnie de Madame La Plagne ; la chaleur commençait à se faire sentir. Après vingt minutes de repos environ nous repartîmes, tous remplis d'une confiance que la sainte Vierge seule pouvait nous donner.

Tout en traversant cette longue plaine de Tarbes, je me trouvais à côté du docteur Magnié et je lui demandai ce qu'il pensait de notre malade : « Je ne sais trop qu'en penser, me répondit-il, tout ce que je puis dire c'est que j'ai constaté une certaine aggravation de sa maladie pendant mon séjour à Cauterets. » Comme il devait repartir le lendemain et que j'allais me trouver seul avec notre pauvre infirme, ses deux demoiselles et la femme de chambre, la grande foi que j'avais en la très sainte Vierge ne m'enlevait pas une sorte de crainte que me donnait la faiblesse de notre chère malade, et l'impossibilité où elle était de faire un pas.

Enfin le voyage se fit, non sans fatigue, et nous arrivâmes à Lourdes vers une heure. Devant l'hôpital Saint-Frais, je détachai le lit civière et un matelas que nous avions emportés ; je l'installai près de la voiture ; je déposai Madame La Plagne sur son lit, les brancardiers l'emportèrent, et on procéda aussitôt à son classement parmi les douze cents malades qui se trouvaient à Lourdes.

Beaucoup de personnes n'ont sans doute pas l'idée de ce que sont les brancardiers et infirmières ; cependant je les crois dignes d'être connus. Ces deux services se font par tout ce qu'il y a de mieux dans la société ; ce sont des personnes qui viennent s'établir à leurs frais pendant le pèlerinage : c'est tel marquis, tel comte, ou tel baron ; car j'ai pu y remarquer les plus grands noms de nos contrées, mais selon leur désir plein de charité et d'humilité, ils ne cherchent pas à être connus.

On voit des magistrats, des militaires, des prêtres, etc.; ils portent sur les épaules une courroie en cuir jaune, qui les aide à transporter les malades des établissements à la Grotte. Pendant les quatre jours que je passai à Lourdes, je fus sensiblement ému de tout ce que j'y remarquai; je vis une pauvre mère, une épouse, une jeune fille, les unes et les autres inconnues, dire : « Messieurs, voudriez-vous, je vous prie, porter ce (ou cette) malade ? » et c'était, parmi les brancardiers, à qui se chargerait de la corvée : jamais dévouement semblable.

Pour le service des chambres, de jour et de nuit, c'étaient ces belles dames et demoiselles qui, dépouillées des douceurs que peuvent donner la richesse et la noblesse, et revêtues de tabliers blancs, faisaient les sœurs de charité. O admirable dévouement ! Je voyais ces dames et ces demoiselles prodiguer leurs soins aux maladies les plus repoussantes, aux plaies et aux cancers ! C'étaient ces sœurs de charité d'un nouveau genre, qui soignaient et encourageaient par leurs douceurs tous les maux que peut souffrir la pauvre humanité; elles se baissaient jusqu'à terre pour arriver à leurs malades, car tous n'étaient point couchés sur des lits; il n'y en avait qu'autour des salles, l'intérieur était tapissé de matelas sur lesquels bien des malheureux étaient couchés. Mon attention fut attirée sur le service spécial d'une certaine comtesse de nos environs ; je voulus me rendre compte de son travail, et je ne puis le tenir en secret : c'était le vidage et le lavage des vases de nuit de ces pauvres malades ; et ce n'était point pour ses semblables qu'elle s'abaissait ainsi, mais bien pour ce que le monde a de plus pauvre.

Je crois pouvoir dire que Madame La Plagne était seule de son rang, et j'aime à penser que cela contribua à sa guérison, puisque je l'avais conduite deux fois déjà à Lourdes et que la sainte Vierge ne lui avait accordé que la force et le courage d'y revenir une troisième fois. — Je ne puis raconter en détail tout ce qui concerne ce service sans pareil en humilité, en charité, et plein de foi envers la sainte Vierge ; je crois en avoir dit assez pour en faire comprendre toute la valeur, et ma conscience ne me reproche aucune exagération.

Je reviens à notre intéressante malade. Après l'avoir confiée à ce personnel inconnu, mais qui payait de mine, comme l'on dit ; j'allai chez la veuve Lacrampe, rue de Bagnères, où je m'étais procuré un logement pour les chevaux ; je n'ose dire « pour moi », car je passai mes quatre nuits dans la voiture, ayant pour draps de lit les couvertures des chevaux.

Longtemps après, dans la soirée, je revins voir celle qui était l'objet de mon plus vif souci ; je me présentai à la porte de l'établissement, où je fus arrêté, comme je m'y attendais, par les factionnaires, c'est-à-dire les brancardiers, ayant pour toute arme leurs belles bretelles : « Où allez-vous, Monsieur, me demandèrent-ils ? » Ce titre ne m'allait guère, puisque j'avais mis ma redingote et ma belle cravate blanche pour avoir un peu plus de crédit. Ayant déjà la casquette à la main, je lui dis, aussi respectueusement que possible : « Monsieur, je suis au service de Madame La Plagne, et j'ai absolument besoin de communiquer avec elle. — Avez-vous une carte ? » Je n'en avais pas, et ces questions ne m'amusaient guère ; fort heureusement qu'à ce moment intervint un autre soldat de la même arme : « Vous voulez voir Madame La Plagne, mon ami, me demanda-t-il ? — Oui, Monsieur, répondis-je aussitôt. — Eh bien, montez, et allez tout à fait au fond, à la dernière salle. » Avec un coup de casquette, ce fut assez. Je ne rencontrai d'autre obstacle que ces vénérables dames qui me regardaient comme un personnage rare en pareil lieu. Je reconnus vite ma malade, à la vue de ses demoiselles que j'aperçus de loin, avec leurs robes lilas, debout au chevet du lit de leur mère. Madame La Plagne avait eu d'abord un moment de découragement, mais ses demoiselles, ayant été à la Grotte, lui rapportèrent le récit d'un miracle, qui augmenta sa foi. Je la trouvai sur un lit de fer, placé dans un coin de la salle ; par faveur, on lui avait mis, formant rideau, un drap de grosse toile écrue ; au bout d'un moment, elle me dit de télégraphier à Monsieur des nouvelles du voyage, et de chercher le docteur Magnié, qu'elle désirait voir avant d'aller à la Grotte. Je me rendis à l'*Hôtel des Princes,* mais je ne pus trouver le docteur ; en sortant de l'hôtel, j'aperçus M. Castelbieil, curé d'Éauze, ancien curé de Montesquiou, qui était venu voir Madame ; il me dit qu'il allait la voir à la Grotte : « Vous ne l'y trouverez pas, lui dis-je, » et je le conduisis à l'hôpital, où je le laissai pour aller soigner mes chevaux.

Je ne revis Madame qu'après sa visite à la Grotte.

La journée du lendemain n'apporta pas de changement notable ; cependant, le soir, Madame put faire quelques pas dans la salle, ce qui ne lui arrivait jamais sans un redoublement de souffrances.

Le jeudi 23 août, nous la portâmes prendre son second bain aux portes des piscines, où des dames infirmières prenaient soin des malades. Je l'attendis tout inquiet, mêlant mes supplications à celles d'un peuple innombrable que les PP. de l'Assomption excitaient à la prière : c'étaient des dizaines de chapelet, le plus souvent interrompues par les belles paroles : *Monstra te esse Matrem* ou le *Parce Domine.* Tout à coup, j'aperçois Madame sortant de la piscine et demandant d'un air triomphant une petite voiture à bras ; elle se fait conduire devant l'image de celle qui s'était montrée pour elle le salut des infirmes. Un père franciscain, le P. Othon, vint l'avertir qu'il allait dire la Messe à son intention ; elle l'entendit dans la Grotte, où elle marcha elle-même, restant assise sur une chaise basse, et s'agenouillant sur la terre nue au moment de l'élévation !....

Grand Dieu ! quel spectacle vis-je se dérouler devant mes yeux pendant que j'étais là ! Je voyais ces bonnes dames, ayant chacune un bidon d'une main et un gobelet de l'autre, se présenter devant chaque malade dont la plupart ne pouvaient bouger. Il y en avait un entre autres à qui on parlait de donner l'Extrême-Onction ; je regrettais de ne savoir où, pour mieux voir sa fin, mais le lendemain j'appris qu'il était guéri. Ces dames, agenouillées par terre, offraient, avec une douceur et une charité que rien n'égale, l'une de la tisane, les autres du bouillon, quelques-unes du biscuit qu'elles prenaient dans la poche de leur tablier et qu'elles mettaient elles-mêmes dans la bouche de chaque malade.

Chose non moins touchante : pendant que ces âmes pieuses distribuaient la vie du corps, un prêtre distribuait la vie de l'âme, obligé de s'agenouiller pour arriver au moribond. Tout ceci se faisait au milieu d'un bourdonnement de prières, comme devant les piscines. Mêlant ma voix à celle de ce peuple recueilli, je me disais intérieurement : ici, il y a miracle ou sacrilège ; un prêtre a-t-il le droit de se promener en plein air, tenant au bout de son doigt la sainte Hostie et guettant celui qui fait la sainte Communion ?

La vue de ces saints exercices m'absorbait complètement, et je plaignais ceux qui n'avaient pas le bonheur d'être témoins de ces merveilles. J'ose le dire, mon cœur en était tellement touché que je ne pus m'empêcher de prier pour tous ceux de ma paroisse qui ont la faiblesse de nier les grâces que la Mère de Dieu répand dans son sanctuaire béni, au pied de ces roches, où les trois quarts de la France viennent se prosterner.

Pour moi, je suis toujours auprès de ma miraculée, fier de la grâce qu'elle a obtenue et aussi des premiers pas qu'elle a faits entre mes mains, après sept ans et demi de maladie. Ici, je pourrais dire que Madame ayant quelquefois voulu marcher de sa baignoire à son lit en sortant du bain, avait toujours eu la fièvre de ses essais ; mais je reviens au miracle qui nous fait oublier le passé. Un instant après la Messe, Madame me dit de lui procurer un moyen de transport, qu'elle voulait rentrer ; n'osant la quitter, je fis signe à deux brancardiers qui arrivèrent à l'instant ; j'étendis Madame sur un matelas ; ces messieurs l'emportèrent hors de l'enceinte et la placèrent sur un fourgon, à côté de deux malades.

Lorsque nous l'eûmes transportée jusqu'à la porte de la salle, Madame me dit d'une voix souriante: « Je suis guérie, je vais marcher ». Au même instant, elle se sauve, mais je n'osais la livrer à elle-même et je la soutenais ; elle arriva jusqu'à son lit, qui se trouvait dans le coin nord-ouest de la salle, en présence de ses deux filles aînées et des trois brancardiers qui l'avaient conduite ; arrivée à son lit : « A présent, me dit-elle, aidez-moi ». Je la pris et l'enlevai dans mes bras, ne sentant pas le poids de son corps tant j'étais ému. J'ai encore devant les yeux les figures de ses demoiselles, rayonnantes de joie à la vue du grand miracle : « Oh ! maman, ce n'est pas possible que vous puissiez marcher si bien ! » Les brancardiers étaient toujours là, et les pauvres enfants ne savaient qui regarder ni que dire. Alors une discussion s'engagea entre malade et brancardiers : « Vous pouvez télégraphier, me dit-elle ; dites à Monsieur que je marche et que je me considère comme moitié guérie ». Ces messieurs prirent la parole : « Mettez *Madame guérie*, la sainte Vierge a commencé, elle finira. — Oh ! non, Messieurs, répondit la malade, je ne veux pas tant me vanter. — Mettez *guérie* ». Ne sachant qui écouter, je leur dis : « Messieurs, pour ne pas faire de péché d'orgueil, je vais mettre *Madame trois quarts guérie* ».

Je la laissai se débattre et j'allai télégraphier, ne sachant trop que dire ; je crois que j'aurais rencontré le Pape sans le remarquer, tant j'étais absorbé par ce dont je venais d'être témoin. Dans ma dépêche, je dis à Monsieur que nous l'attendions le lendemain. J'allai à sa rencontre à la gare ; il arriva accompagné du docteur Magnié, qui allait passer quelques jours à Cauterets. Dès qu'ils m'aperçurent, ils s'empressèrent de me demander : « Eh bien, comment va-t-elle ? » sans expliquer qui, ni quoi. « Elle marche », répondis-je. Je fais remarquer ici que M. Magnié n'est point un incrédule pour ce qui est du surnaturel, et qu'il n'avait jamais détourné Madame La Plagne de chercher sa guérison là où elle la trouva d'une façon incontestable et merveilleuse. « Ah ! par exemple, voilà qui est fameux ! » s'écria le docteur. — Franchement, je n'ose le croire, me répondit Monsieur ». Du même pas je les conduisis auprès de la miraculée. Je laisse à deviner la joie de part et d'autre.

Le jour de l'arrivée de ces Messieurs était donc le vendredi ; Madame avait fait les mêmes exercices que la veille ; seulement, à cause de l'encombrement, elle n'avait pu se tremper que le soir dans l'eau miraculeuse. Le matin, elle s'était contentée de passer environ deux heures devant la Grotte, assise, comme la veille, sur une chaise basse.

Il était dix heures ; ses demoiselles m'apportèrent la moitié d'un petit pain qu'elles avaient dans leur poche ; j'aurais été bien embarrassé de le manger alors, car le spectacle n'était pas moins saisissant qu'hier ; on voyait que la sainte Vierge avait ouvert le trésor de ses grâces à tant de supplications et de prières. Il me semble encore entendre et voir ces bons Pères de l'Assomption redoubler leurs forces pour exciter à la prière. Je les voyais aux portes des piscines, leur front nu ruisselant de sueur, en plein soleil, et leurs robes noires, grises de poussière à force de baiser la terre. Les mesures prises devant la Grotte étaient plus douces ; une toile énorme préservait les pauvres malades des actions brûlantes du soleil d'août.

A mesure qu'un miracle sortait, c'est le cas de le dire, non pas de l'eau du Gave, mais de l'eau miraculeuse de la Grotte, c'étaient des transports de joie et un redoublement de prières. Oh ! incroyants ! que n'êtes-vous là pour être témoins de ces merveilles ! Tantôt c'est une mère qui accompagne une jeune fille ou un enfant qui n'a jamais parlé, qui n'avait jamais vu la lumière ; on leur demande : « Voyez-vous les cierges qui brûlent ? » et ils répondent : « Oui ! » C'est un paralytique de plusieurs années qui marche. Ces entrées triomphantes dans l'enceinte de la Grotte étaient accompagnées par le chant du *Magnificat*. Les uns priaient, les autres pleuraient, non pas des larmes de douleur, mais bien de joie et de reconnaissance ! Je dis « dans l'enceinte de la Grotte », c'est qu'il y avait une corde tendue et tenue par les brancardiers, dedans laquelle ne pouvaient passer que les malades et leur suite. Ici, je remarquai trois actions : chagrin, prière et pleurs, mais on n'y riait pas.

Vers onze heures, Madame demanda à rentrer ; ce jour-là, faute de chaise, elle avait passé son temps sur une petite voiture à bras. Nous la reconduisîmes à l'établissement ; je la mis sur un brancard pour lui faire monter le grand escalier de pierre. Arrivée à la porte de sa chambre, elle nous dit : « Je veux marcher seule ». En effet, elle s'élança ; plus tremblant qu'elle, je me tenais sur ses talons, les bras ouverts. Elle arriva à son lit sans le moindre secours ; on l'entoura, on la félicita et la foi ne put qu'augmenter dans tous les cœurs. Je remarquai même les autres pauvres malades qui, malgré leur faiblesse, se soulevaient pour voir une de leurs compagnes miraculée. Sans doute, toutes n'auront pas la même grâce, mais peut-on aller à Lourdes sans en emporter quelqu'autre ? Non, certes, car tous les maux ne consistent pas dans les infirmités du corps, l'âme a bien les siennes ; quant à moi, je l'avoue, j'en conserverai toujours un souvenir que rien ne me fera oublier. Heureux celui qui va en cet endroit prier la sainte Vierge avec les dispositions nécessaires.

Après avoir laissé Madame et ses filles dans une joie que rien n'égale, je me rendis où mes occupations m'appelaient et je revins passer une partie de la soirée tant devant les piscines qu'à la Grotte, où l'affluence n'avait point diminué, contemplant et cherchant à me rendre compte de ce qui se passait dans cet endroit privilégié. J'aperçois un groupe et je m'avance : c'est une religieuse qui reconduit une jeune femme ; elle vient d'être guérie instantanément d'un cancer au haut de la poitrine, et ne peut se soustraire à une foule avide de voir les traces que le mal rongeur avait laissé sur ce corps d'une figure amaigrie ; les cicatrices étaient recouvertes par une peau aussi belle que des joues de quinze ans. Que j'aurais désiré dans tous ces moments que plusieurs de mes connaissances fussent là, car malheureusement elles m'ont bien des fois avoué qu'elles n'y croyaient pas. Bien des personnes de la paroisse m'ont demandé des détails sur ces hauts faits, parce qu'elles savaient que j'en avais été témoin ; j'ai vu leurs cœurs se resserrer à mes récits, et d'autres traiter cela avec indifférence ; je sais même que plusieurs m'ont traité d'imbécile ; aussi, pour éviter de mauvais propos, me suis-je toujours en partie gardé d'en parler, à moins d'être questionné. Un soir, passant devant une maison, je fus arrêté par la femme, qui me dit convenablement : « Raconte-moi donc comment va Mme La Plagne ; qu'as-tu vu de beau à Lourdes ? — Si tu veux quelques détails, je vais t'en donner », lui dis-je. Alors je me mis à en faire le récit, mais ne parlant que de la guérison de Madame ; elle et les personnes qui l'entouraient ne contestèrent nullement le miracle ; quelques autres, nous entendant parler de Lourdes, s'arrêtèrent pour m'écouter. Tous, à l'exception d'un pauvre poussif, à peine âgé de 38 à 40 ans : « Vous croyez à un miracle ? dit-il, ça, ce sont les remèdes ». Alors, me retournant avec calme vers lui : « Quels remèdes ? lui répondis-je, croyez-vous que Mme La Plagne en ait pris ? Je puis vous certifier qu'elle n'a vu d'autre médecin que celui qui l'a accompagnée et qui l'a laissée le lendemain matin, ne lui ordonnant aucun remède ; elle n'en a pris d'autre que l'eau de la Grotte dite miraculeuse ; peut-être, en homme de connaissance, vous voyez quelque composition chimique ; voyez si vous en connaissez ? Il y en a, en effet, mais que peut-être vous ne connaissez pas. Moi, mon ami, dans cette eau, je distingue une grande quantité de sulfate de grâce, avec autant d'acide de foi, mais avant d'absorber la dose, il faut bien se frictionner avec du baume de confessionnal ; une fois la friction bien faite, on peut avaler la dose à chaud et à froid, elle produit toujours son effet ». Il ne comprit pas ce langage et se sauva à tous les vents.

Je reviens à notre intéressante question ; la journée du vendredi se passa aussi bien que possible ; le départ pour Montesquiou fut fixé au samedi, et Madame me dit de me tenir prêt entre sept heures et sept heures et demie, parce qu'elle désirait entendre la Messe à la Grotte avant de partir. Je me trouvais, à l'heure fixée, à la porte de l'hospice, où la femme de chambre m'attendait avec les effets du voyage, excepté le brancard qui avait servi à transporter Madame pendant ces sept années de maladie ; il avait déjà fait trois fois le voyage de Lourdes, il devait être content d'y rester, d'autant plus qu'il était le plus beau. Madame aurait aussi voulu faire cadeau du matelas à l'hospice, mais, ma foi, il fut égaré, et on ne put le retrouver.

J'attendais déjà depuis un instant l'arrivée de Madame, lorsqu'une autre belle dame, s'avançant vers moi, me dit d'un air plein de douceur: « Madame La Plagne va bientôt partir ? — Oui, Madame, lui répondis-je, elle a été à la Messe à la Grotte et elle doit partir sitôt après. — Vous lui direz que je la félicite de sa guérison et que j'ai beaucoup prié pour elle ». Touché par la bonne grâce de cette dame je lui dis : « Madame, il est bien fâcheux qu'on ne puisse remercier en les nommant les personnes qui se trouvent ici, et qui les unes et les autres rivalisent de zèle. — Oh ! c'est assez que Dieu les connaisse, me répondit-elle ». A cette réponse, je n'eus rien à dire, mais je lui envoyai une colade bien au-dessus de ma portée. Alors elle remit à la femme de chambre un livre pour Madame et pour qu'elle le fasse lire à ses demoiselles ; en le remettant, je vis qu'elle y glissait sa carte. Pour le coup, me dis-je, je vais savoir qui ça peut être. Sitôt qu'elle eut disparu, je pris le livre et regardai la carte ; ici, pour répondre à son désir, je tairai son nom, me contentant de dire que c'est la plus belle comtesse que j'aie jamais vue, et chanoinesse d'un certain ordre dont je ne me souviens plus le nom. Mais Madame me dit que la veille elle lui avait dit son nom.

Comme j'attendais le retour de Madame, ses demoiselles vinrent m'avertir d'aller la chercher du côté de la Grotte. Après avoir pris tous les effets, je me dirigeai vers la Grotte; en arrivant sur le plateau, j'aperçus Madame qu'on portait sur un brancard, n'ayant pu se procurer une petite voiture; je descendis et j'allai à sa rencontre; je la pris par la main pour l'aider à se lever; d'un pas ferme elle se dirigea vers la voiture, s'aidant des deux mains. « Poussez-moi un peu », dit-elle en riant de joie; à peine si je la soutins et elle fut dans la voiture, prenant place à côté de son mari et de ses deux demoiselles Marie et Pauline.

Nous nous mîmes en route à sept heures quarante, et avant quatre heures du soir Madame était rentrée dans sa maison, après avoir laissé à Lourdes son lit et ses douleurs. En arrivant, comme la nouvelle de sa guérison était déjà bien répandue, beaucoup de personnes qui s'intéressent à elle voulurent se trouver à sa descente de voiture. Madame descendit seule de voiture, alla faire un tour au jardin qui se trouve à l'entrée de la maison, et, de là, elle fut à la cuisine.

Le lendemain, Madame La Plagne descendit à table, je ne dirai pas descendant les marches deux à deux, mais donnant le bras, soit à Monsieur, soit à ses demoiselles. Le pèlerinage eut lieu du mardi vingt et un août au samedi vingt-cinq, et c'est en décembre que j'écris ce petit mémoire. C'est moi-même qui ai servi ma maîtresse à table depuis sa guérison, comme je la sers depuis plus de vingt ans, et je déclare que le lendemain de son arrivée de Lourdes elle mangea de la grosse soupe aux choux, comme elle en a le plus souvent mangé par goût depuis lors, et que Madame ne m'a jamais dit que je lui en avais trop donné. Elle a de préférence mangé depuis des viandes légères et surtout beaucoup de légumes. Je certifie qu'aujourd'hui elle mange autant et plus qu'elle n'a jamais mangé, après s'être nourrie exclusivement de lait cinq ans sur sept. Elle a fait depuis plusieurs courses en voiture, sans jamais se plaindre de la vitesse ni des secousses; et enfin, aujourd'hui, elle est depuis bientôt un mois à Bayonne, centre de sa famille, où elle a été l'objet de curiosité autant que de félicitations.

J'ai cru être agréable à la sainte Vierge en écrivant ce petit mémoire dans les longues soirées de décembre, pendant l'absence de mes maîtres, et je certifie l'authenticité de mon récit, qui ne contient aucune exagération.

Louis NOGUÈS.

www.ingramcontent.com/pod-product-compliance
Lightning Source LLC
Chambersburg PA
CBHW061615040426
42450CB00010B/2492